AF227757

LA RÉPUBLIQUE

ET

LES ÉLECTIONS SÉNATORIALES

PAR

UN CONSERVATEUR

Prix : 1 franc.

PARIS

E. DENTU, LIBRAIRE - ÉDITEUR

17 et 19, galerie d'Orléans Palais-Royal).

—

1878

LA RÉPUBLIQUE

ET

LES ÉLECTIONS SÉNATORIALES

LA RÉPUBLIQUE

ET

LES ÉLECTIONS SÉNATORIALES

PAR

UN CONSERVATEUR

PARIS

E. DENTU, LIBRAIRE-ÉDITEUR

17 et 19, galerie d'Orléans (Palais-Royal).

—

1878

LA RÉPUBLIQUE

LES ÉLECTIONS SÉNATORIALES

Nous ne sommes encore qu'à l'intervalle d'une année de la tentative que firent les conservateurs pour arrêter, dans son cours, une République qu'ils avaient eux-même fondée. On n'a point perdu le souvenir de ces luttes de ces efforts auxquels voulurent contribuer les partisans de toutes les monarchies ; luttes pénibles, efforts laborieux qui armèrent tant de courages, provoquèrent tant de résistances, mirent en péril tant d'intérêts, tant de dignités, perdirent tant de prestiges. La tentative fut vaine, hélas ! Ni les conseils, ni les menaces, ni la plus active propagande qui fut jamais ; ni l'emploi des forces administratives et judiciaires ; ni l'intervention personnelle

et directe du chef de l'Etat qui, sorti de son rôle constitutionnel, prit résolument la tête de ce mouvement;
ni la mort de M. Thiers, que la providence fit arriver
fort à propos pour priver de leur chef les groupes de
la majorité dissoute; ni les programmes téméraires
affichés par des factions indisciplinées du parti républicain; ni le clergé enrôlé dans cette croisade; ni
la gendarmerie; ni les écrits, ni le mensonge, ni la
vérité ne purent prévaloir contre la volonté bien
arrêtée du suffrage universel de poursuivre, jusqu'au
bout, l'essai de la République.

A la suite de cette victoire, la majorité légèrement
amoindrie mais fortifiée, est remontée sur ses bancs,
menaçante et superbe; elle s'y est cantonée, plus
fortement qu'elle ne l'avait jamais fait. Tout le
monde, autour d'elle, s'est soumis à la volonté nationale. Fidèle observateur des lois de la guerre, le
maréchal de Mac-Mahon a pensé que la décision
souveraine du peuple primait tout : les opinions, les
affections, les engagements pris; il a pensé que la
parole même d'un soldat ne pouvait tenir devant
l'irrésistible force du droit populaire. Le parti
abattu par lui, le 16 mai, s'est relevé plus fort
et plus fier le 14 décembre; les préfets républicains, les magistrats républicains ont reparu. Mé-
contents, découragés, plus divisés que jamais, écrasés
outre mesure par les invalidations, après avoir essayé
de vaines protestations, les conservateurs se sont
résignés à leur mauvais sort.

Semblable à un fleuve un instant troublé et contra-
rié par des essais d'endiguement, la République, maî-
tresse de ses rives, a repris son cours naturel; depuis

un an, elle coule à plein bords, sans exercer de ravages apparents, réalisant plutôt les prévisions riantes de ses partisans que les sombres presages de ses ennemis. La République, en effet, apparaît au pays rassuré comme la fidèle application du programme de tous les candidats rattachés à la politique des 363; elle a été aussi sage qu'elle avait promis de l'être au dedans et au dehors. Jusqu'à présent, elle n'a renouvelé ni les désordres ni les crimes qui ont, trop souvent, marqué son passage à travers les institutions, les lois, les mœurs de notre pays. La rue est restée libre de tumultes séditieux; les ministres ont gouverné, sans obstacle, en vue de ces mêmes intérêts, de ces mêmes principes conservateurs au nom desquels s'étaient accomplis les actes réactionnaires du 24 mai 1873 et du 16 mai 1877.

Ici les prétentions extra-municipales des édiles parisiens ont été maintenues, là c'est la commune de Marseille qui, prête à déborder, a été doucement réintégrée dans son lit. Il n'y a pas un membre du gouvernement qui n'ait, en toute occasion, professé le plus grand respect pour la religion; il y en a qui la pratiquent ouvertement à la face même des fanfarons d'incrédulité dont la confiance les soutient. Quelqu'un viole-t-il les lois? il est puni. Nous avons vu la diffamation et la calomnie condamnées chez les républicains par des juges de la République et l'innocence d'un réactionnaire marseillais reconnue et proclamée par les tribunaux. Le cabinet présidé par M. Dufaure a défendu la statue et la mémoire de Belzunce aussi bien que les eût défendus le cabinet de M. le duc de Broglie.

Un ministre républicain a pris parti pour les moines

de Saint-Dominique contre le prodigieux sous-préfet de Carpentras, et il a eu la satisfaction de voir sa conduite ratifiée par une décision solennelle du corps électoral. Ici, la loi de Germinal reçoit une application pleine d'à-propos à l'égard d'un prélat qui réclamait les honneurs civils prescrits par la loi de Messidor. Grâce à ces rigoureuses observations d'une impartiale et stricte légalité, les conflits sont conjurés; la paix descend lentement dans les consciences; cette heureuse situation est si bien établie, qu'elle ne peut plus être troublée par d'imprudents discours.

La République sortie du scrutin de 1877 n'a-t-elle pas eu aussi la bonne fortune de cette Exposition universelle qui, six mois durant, a attiré sur nous l'admiration du monde? Il y a eu des inaugurations répétées, des exhibitions pompeuses de richesse et de travail, sous lesquelles la perspicacité la plus clairvoyante ne peut distinguer des sources de misère et d'abaissement. Le République glorifiée des 363 a reçu les hommages universels; nous eussions eu la République du 16 mai qu'on n'eût point vu accourir à Paris plus de souverains et plus de princes que nous n'en avons reçu.

Eh quoi! les Français, auraient pu croire à la République par le seul fait qu'elle agréait à quelques citoyens et qu'elle promettait de relever le pays; ils se seraient confiés à cette sorte de gouvernement alors que, d'aucun côté de l'Europe, si ce n'est du côté de la Suisse et des Etats-Unis, il n'était encore reconnu! Comment ne croiraient-ils pas très-définitivement assis le régime salué tour à tour par les monarques de l'Europe et même de l'Asie? L'Angleterre

représentée par le prince de Galles s'est prêtée, avec
un gracieux abandon, à toutes les politesses républicaines ; l'Autriche, la Russie, l'Allemagne, l'Italie, le
Portugal, l'Espagne, le Brésil, ont délégué leurs ducs,
leurs archiducs, leurs grands ducs et leurs princes du
sang auprès de ce gouvernement que deux scru-
tins imposants ont consacré. Par l'hospitalité qu'elle a
donnée, la République de France s'est créée elle même
des titres et des droits de cité dans tous les pays du
globe ; aux yeux de tous, elle existe au dedans,
comme au dehors. Telle est la foi de ce peuple ; telle
est sa joie du moment, joie tenace et forte dont il
est jaloux et qu'il n'est point très éloigné d'imposer
à chacun comme un devoir civique. Ces sentiments
communicatifs à l'excès se sont manifestées, le
30 juin, par une de ces fêtes publiques décrétées moins
encore par le gouvernement qu'imposées par l'entraî-
nement populaire ; fête ardente, prolongée, impérative,
où l'initiative privée a eu plus d'éclat, plus d'ampleur
et plus d'autorité que n'en eut jamais initiative offi-
cielle.

Avec quels raisonnements suspects, quelles subtilités froides et peu saisissables, avec quels faits évidents
et tangibles aurait-on pu changer le cours de ces
croyances, ébranler ces convictions ? Tandis que,
d'un côté, on fournit à cette nation, hier encore si
accablée, si découragée, si appauvrie, les preu-
ves extraordinaires de sa vitalité ; tandis qu'on lui
persuade qu'elle est déjà relevée de ses hontes, qu'elle
a réparé ses ruines ; tandis que l'Europe entière, peu-
ples et gouvernements, se liguent à l'envi pour la confirmer dans cette confiance, comment arriver à con-

vaincre la majorité des citoyens que la république les rend très malheureux ; qu'ils ont eu tort, il y a un an, de se fier à ses partisans et de se détourner de ses adversaires?

On peut alléguer que les ambassadeurs de la République n'ont point brillé dans le partage de la Turquie et supposer que, s'ils eussent représenté une monarchie, M. Waddington et le comte de Saint-Vallier n'eussent pas obtenu moins de succès au congrès de Berlin que le prince Talleyrand n'en obtint au congrès de Vienne.

Qui s'occupe sérieusement, dans les groupes électoraux, du congrès de Berlin? sous l'Empire, on a trouvé un public pour se passionner contre l'expédition du Mexique et contre l'expédition de Chine ; on a excité l'opinion avec ce que l'Empire gagnait aussi bien qu'avec ce qu'il ne gagnait point; mais aujourd'hui, qui donc entreprendrait de susciter des ennemis à la République avec l'indépendance des Grecs ou avec le territoire Tunisien? D'ailleurs, la politique « des mains nettes » est des plus défendables; on peut toujours prétendre qu'une nation qui a perdu l'Alsace et la Lorraine n'a rien à revendiquer pour autrui qu'elle n'ait recouvré ses deux provinces, et ne doit se laisser rien accorder qui puisse paraître une compensation à ses pertes récentes et cruelles.

Parlera-t-on des grèves? elles témoignent d'un malaise industriel qui n'est point particulier à notre pays; d'ailleurs les grèves se sont allumées et éteintes d'elles-mêmes sans exercer de ravages, si ce n'est contre les malheureux qui les avaient fomentées. Au surplus, dans ce temps de lutte acharnée, chacun pour soi; on ne s'intéresse guère qu'aux misères personnelles. Pour que la République fût discréditée par les grèves, il faudrait que celles-ci atteignissent la prospérité universelle et qu'elles sévissent à la fois sur toutes les industries, sur tous les commerces et sur toutes les fortunes. Qu'importe aussi la crise algérienne ? Qui est-ce qui connaît cela ? N'y a-t-il pas une crise algérienne depuis qu'il existe une Algérie ?

On annonce des désastres publics et privés à courte échéance ; on ne dit plus : « Attendez l'ouverture de l'Exposition ; vous verrez cet échec colossal ; » mais on dit : « attendez la fin de l'Exposition ; vous verrez quelles ruines ce rideau trompeur va mettre à découvert. » C'est ainsi que, sous l'Empire, raisonnaient les ennemis acharnés de ce régime. Toutes les oppositions procèdent avec les mêmes refrains. — C'est comme si l'on prédisait à un homme, qui croit se porter à ravir, les inconvénients de sa belle santé ; on serait aussi bien venu de lui chanter : *Femme sensible.*

C'en est fait ; on ne persuadera jamais à des Français qui, depuis huit ans, par le fait des conservateurs eux-mêmes et par le fait de la volonté bien nettement formulée du suffrage universel, vivent en République, que cette République n'est point à leur gré et qu'il lui faut, sans retard, substituer un autre régime. Ce qu'elle croyait très fermement en 1876, lorsque le pays fut consulté dans des élections générales, ce qu'elle croyait encore en 1877, lorsque le pays fut appelé à confirmer ou à infirmer son jugement de l'année précédente, la majorité des électeurs le croit toujours ; rien n'est venu le dissuader, et il n'y a per sonne, dans les groupes conservateurs, qui voudrait aujourd'hui, sous quelque forme que ce soit, électorale ou plébiscitaire, risquer la destinée de son parti sur une consultation nouvelle du pays.

———

Quel est donc le groupe conservateur qui pourrait se croire autorisé, à l'heure présente, à détourner la France de la forme républicaine ? Il n'y en a pas un qui, à des degrés divers, n'ait plus ou moins trempé dans les conditions actuelles du gouvernement ; si la République, un jour, fait de grandes choses, ils en pourront revendiquer en partie la gloire ; si elle en fait de funestes, ils ne doivent pas espérer que l'histoire ne les chargera point de la responsabilité de ces maux.

Eh ! quoi, ceux-là viendraient prêcher le danger des institutions républicaines qui, à Bordeaux, alors que le suffrage universel avait mis les républicains en minorité dans l'Assemblée souveraine, assurèrent à la République sa première conquête légale ! Ils lui maintinrent son titre ! Ils seraient vraiment assez mal venus de contrarier les décisions réfléchies et réitérées de la volonté nationale, ceux qui, par leur approbation tacite de l'acte du 4 septembre et de tous les actes de la défense nationale, ont préparé, de longue main, ces décisions. Lorsque la France se donnait à eux, ils donnèrent la France à M. Thiers ! N'est-ce point à des hommes de droite, à ceux-là même qui, l'an passé, s'efforçaient d'arracher le pouvoir aux républicains que l'on doit le vote de la constitution Rivet? Ils disent aujourd'hui que la République ne vaut rien, et, jusqu'en 1876, il n'a tenu qu'à eux de la supprimer! Ils la trouvaient bonne à maintenir lorsqu'ils en étaient les maîtres; peuvent-ils être crus, sur parole, lorsque, réduits à toutes les misères de la minorité, ils la viennent déclarer mauvaise. Ils ont été assez forts pour faire le 24 mai et n'ont point aboli la République; que dis-je? Ils ont mieux fait que de consacrer l'œuvre du 4 septembre; ils l'ont élargie, ils l'ont élevée et raffermie; ils lui ont donné le prestige d'une présidence militaire; ils ont fini par voter une Constitution qui fixe au régime républicain des délais renouvelables.

Le corps électoral n'a résisté ni à ces leçons, ni à ces exemples; il n'eût peut-être point cédé à la propagande des hommes de gauche dont l'entreprise hardie ne lui semblait pas moins suspecte dans ses mobiles que dangereuse dans ses résultats; il céda volontiers à des royalistes, à des orléanistes adoptant les formes politiques que, jusque-là, ils avaient déclarées condamnables. Leur fera-t-il l'affront, aujourd'hui, de répudier les doctrines auxquelles ils l'ont eux-même converti? Ce régime fut assez bon, un jour, pour qu'une des plus grandes illustrations militaires du second empire, l'adoptât et le prit sous sa garde; qu'est-il donc arrivé de si extraordinaire que la France doive répudier un gouvernement que cette noble épée n'a point cessé de protéger? A tout conservateur qui trempa dans ces actes du 1er mars, du 31 août 1871, du 24 mai et du 10 novembre 1873, du 25 février 1875, le pays convaincu, conquis au régime nouveaux peut dire : *patere rempublicam quam tu fecisti.*

Les têtes chenues de la politique auraient certes réponse à ces objections ; elles pourraient démontrer que les contradictions des conservateurs ne sont qu'apparentes et qu'au fond, les conservateurs n'ont jamais eu d'autre but que le but qu'ils poursuivent aujourd'hui ; mais ces explications les entraîneraient à des aveux faits pour étonner ou même pour blesser les susceptibilités du corps électoral. Il faudrait convenir qu'on voulait user de l'autorité des suffrages obtenus au nom de la République pour relever la monarchie. Ne vaut-il pas mieux se taire et se laisser rouler par le courant que l'on a soi-même déchaîné ?

Il n'est pas bien sûr, d'ailleurs, que le suffrage universel comprendrait ces ruses et ces finesses ; il n'a été frappé que d'une chose, de l'effort tenté par les conservateurs pour le fixer dans l'amour de la République ; il a retenu leurs arguments. Bien des gens ont cru, comme on le leur a tant dit, que l'Empire avait corrompu la France, qu'il avait rendu l'invasion et la défaite inévitables ; d'autres sont restés convaincus de ce que leur ont si souvent répété M. Thiers et tous les hommes du centre gauche, à savoir que la République était le régime le plus économique, le plus juste, le plus démocratique, et celui qui nous diviserait le moins. On est resté là-dessus et l'on a voté, en 1876, en 1877, en toute occasion et à tout propos, dans le sens de ces affirmations. Le suffrage universel est ainsi fait : il croit ce qu'on lui dit ; si on le trompe, on est soi-même trompé.

Il est une fraction du parti conservateur, celle qui

a toujours été tenue à l'écart et n'a été ménagée
que pour la campagne du 16 mai, à qui l'on ne peut
trop reprocher d'avoir tendu des piéges au suffrage
universel ; c'est la fraction impérialiste.

Les bonapartistes néanmoins ne sont pas en si
bonne situation devant la nation qu'ils puissent,
aujourd'hui, indiquer les raisons qui l'engagent à
faire retour, pas plus tard que l'année prochaine,
aux institutions impériales.

Les impérialistes n'ont point aidé à l'avénement de
M. Thiers, mais ils ont aidé à l'avénement du maréchal de Mac-Mahon qui n'a pas été moins utile que
M. Thiers, à la fondation du régime actuel; il est
même possible que, sans les voix des députés bonapartistes, le maréchal de Mac-Mahon n'eût jamais
apporté à la République l'indispensable appui de son
nom et de son prestige militaire. Les hommes de l'Appel au peuple ont rendu un autre service au régime
actuel; ils passent pour avoir nommé des sénateurs
de gauche. N'est-ce pas ainsi que la plupart des républicains inamovibles de la haute assemblée ont acquis
la faible majorité qui les a élus? Les impérialistes ont
rendu ce service à la République bien avant que le
suffrage universel eût légalisé cette forme de gouvernement.

Si, par leur conduite passée, ils sont tenus à une
grande réserve à l'égard des institutions républicaines,
les impérialistes sont enchaînés plus étroitement encore par leurs principes et par leurs espérances. Ils ont
besoin de ne point trop se prodiguer dans une lutte
où le suffrage universel n'intervient que par les voies
indirectes et les plus éloignées qu'il y ait de la forme

plébiscitaire. Ne paraîtraient-ils pas vouloir opposer à la manifestation électorale de 1876 et de 1877, la résistance d'un suffrage restreint? Ne dérogeraient-ils pas à tous leurs antécédents? Ne se mettraient-ils pas en contradiction avec tous les actes et avec toutes les devises en honneur dans leur dynastie?

Si donc, une impartiale et lucide observation des faits nous montre, d'un côté, le pays aussi résolu qu'il l'était, l'an passé, de se maintenir en République et de ne point tenir compte des facilités que lui laisse l'article VIII de la Constitution de 1875 pour changer de régime, d'un autre côté, nous voyons les conservateurs aussi empêchés qu'ils le furent toujours de modifier les conditions actuelles du gouvernement. Ils n'ont plus en main le pouvoir, comme ils l'ont eu dans ces dernières années, toutes les fois que le suffrage universel a été consulté dans son ensemble; ils ne sont plus conduits par le maréchal de Mac-Mahon qui a rompu avec eux pour suivre les volontés républicaines du pays; ils disposent de forces matérielles très insuffisantes et de fort petites forces morales. Sous quelque aspect qu'on l'envisage, cette armée, recrutée dans tous les partis monarchiques, est plus désorganisée encore devant les élections sénatoriales qu'elle ne le fut devant les élections législatives.

Il faut considérer aussi que les moyens d'action dont elle pourrait user resteraient inefficaces devant un corps d'électeurs du second degré qui ont des positions acquises et des opinions toutes faites sur le candidat qu'ils doivent élire. On n'est plus devant une masse à entraîner ; on est devant un groupe de personnes notables déjà pourvues d'un mandat qui les classe et les oblige. Celui-ci est maire de sa commune, celui-là est conseiller municipal ; cet autre conseiller général ou conseiller d'arrondissement. Il est difficile d'intéresser des particuliers de ce poids, dépourvus d'ailleurs, pour la plupart, d'ambition personnelle, indépendants par leur fortune, à des changements politiques dont le but et l'opportunité leur échappent. Ces électeurs d'élite, sortes de censitaires créés dans un intérêt essentiellement conservateur, par l'influence la moins démocratique qui ait prévalu dans la dernière assemblée, appartiennent à cette catégorie de gens capables peut-être d'accepter des changements politiques, accomplis sans leur concours ou même sans leur aveu ; ce serait se faire une bien grande illusion que de compter sur eux pour aller du connu à l'inconnu.

Sous le dernier régime, la plupart conduisaient les majorités au scrutin impérial ; ils étaient alors, comme à présent, des conservateurs ; ils furent même plébiscitaires. — Ils n'ont point changé. — Ce qu'ils attendaient de l'Empire, ils l'attendent et pensent déjà le tenir de la République. Celle-ci n'a pas eu, comme le régime précédent, une consécration populaire obtenue dans les formes appropriées à l'investiture des empereurs ; mais les électeurs dont nous parlons font plus de cas de la prescription acquise par la durée qu'ils n'en font de certaines formules. Ils sont d'ailleurs plus flattés dans leur amour-propre de parvenus, de recevoir les garanties d'ordre, de stabilité et de travail d'un régime libéral que de les recevoir d'un régime autoritaire et personnel. Si ce régime était menacé de disparaître, ils le regretteraient du fond de l'âme, et très amèrement. C'est assez dire que, pour le maintenir, ils prendront bien garde à choisir aussi peu que possible leurs sénateurs parmi ceux qui sont décidés à mettre fin à la République dans le courant de l'année 1880.

1880 !—Si l'on pense que cette date si pleine d'illusions adorables pour les restaurateurs de dynastie, fait la joie des notables habitants de nos villes et de nos hameaux, on se trompe à ravir. Quelques-uns pensent à cette date, avec une véritable appréhension ; ils la voient venir à peu près comme les croyants du moyen âge voyaient venir l'an 1000 ; non qu'elle les menace de la fin du monde ; mais elle menace de troubler leur repos, d'interrompre une prospérité trop longtemps retardée par inutiles complots.

Voulez-vous connaître des gens à qui la révision de la Constitution ne cause que des alarmes, réunissez les conseillers généraux et les conseillers d'arrondissements de France. Ils vous diront qu'ils n'ont pas moins peur d'une révision qui pourrait mettre fin à l'état de choses actuel qu'ils avaient peur, il y a vingt-huit ans, de la révision qui devait bouleverser la République d'alors et mettre fin à la présidence de Louis Napoléon Bonaparte. Non, certes, les citoyens français n'ont aucun goût pour les pouvoirs à courte échéance ; ils aiment, avant tout, ce qui dure ; ils ne craignent rien tant que ce qui est éphémère. Ils ont bien su ce qu'ils faisaient ces républicains avisés qui, en 1875, ont accepté des mains de leurs adversaires une Constitution contenant une clause rédhibitoire pour la République ; tandis que les conservateurs monarchistes se reposaient sournoisement sur cette clause pour céder à tous les désirs de la gauche parlementaire, alors encore en minorité, celle-ci se frottait les mains ; souriante et ravie, elle considérait, à part soi, l'article VIII comme un joli billet à Ninon. Elle n'était point sans savoir que l'intérêt public était incompatible avec de telles réserves et que virtuellement l'article VIII serait aboli avant qu'il eût pu réaliser une seule des espérances qu'il faisait concevoir.

Il y a mieux ; avec une perpicacité qui n'a pas été trompée, les partisans du maintien de la République ont compris qu'il leur serait profitable devant le corps électoral, de pouvoir constater officiellement le desseins où étaient leurs adversaires de troubler le pays par de nouvelles expériences monarchiques. Pour se soustraire, en ce qui les concernait, à l'impopularité d'un tel complot, les républicains n'ont jamais admis l'article VIII avec les commentaires de l'honorable M. Paris. S'ils l'ont voté eux aussi, c'est en bien indiquant que cet article, loin d'ouvrir la porte à des tentatives monarchiques, ne devait favoriser que des perfectionnements dans l'ordre de choses établi ; au lieu de ruiner la République il ne devait que la raffermir.

Ils disaient, non sans apparence de raison, que jamais on n'avait vu une Constitution fixer, par avance, à ses adversaires, l'heure et le moyen de la mettre en pièces ; mais que tous les statuts impliquaient le droit pour un régime de suivre le mouvement des idées, le progrès des mœurs, dans l'intérêt de sa conservation.

La Constitution du 25 février pouvait-elle donner plus d'espérances aux ennemis de la République que n'en donnait aux ennemis de l'Empire la réserve expresse faite, un jour, par Napoléon III, d'un couronnement possible de son édifice? Ces façons de raisonner firent merveille surtout auprès de la classe moyenne, qui, sans trop tenir compte des textes et du sens matériel des mots, dédaigna toute interprétation ne s'accordant pas avec ce qui lui semblait être dans tous les usages et dans toutes les traditions constitutionnelles. Les élections générales de 1876, où l'article VIII fut surtout débattu, substituèrent à la glose naïve des conservateurs, une glose nouvelle qui fit loi.

A vrai dire, ces élections terminées et les conservateurs battus dans la plupart des colléges, il ne resta pas grand'chose de ce pauvre article VIII. En 1877, il ne servit guère, entre les mains des conservateurs, qu'à exciter les défiances du corps électoral et à les rendre de plus en plus suspects. S'ils l'invoquaient encore, ils étaient dénoncés par leurs concurrents comme des révolutionnaires ne rêvant que bouleversements nouveaux; de telle sorte que l'on vit ce spectacle vraiment curieux de deux partis se disputant les majorités, l'un taxé de révolutionnaire parce qu'il voulait observer à la lettre le pacte fondamental, l'autre admis comme conservateur parce qu'il prétendait ne point vouloir se tenir à des termes précis.

Les arbitres de ce différend furent ces mêmes électeurs devant qui vont comparaître les candidats au Sénat. Ces membres des conseils généraux et des conseils municipaux, ces manières de syndics de nos bourgs et de nos hameaux sont ceux-là même, il importe de ne point l'oublier, qui, en 1871, imprimèrent partout le mouvement au courant populaire; ils menèrent la réaction contre la tentative du 16 mai et la rendirent infructueuse.

Qui, dans les départements, résistait à l'action administrative? qui luttait, avec énergie, contre la propagande de la ligue conservatrice par la presse, par la parole, par les efforts et les sacrifices de toute sorte? qui le préfet, qui le sous-préfet, qui le candidat ministériel trouvaient ils devant eux pour leur tenir tête et contrebalancer leur influence? c'était l'électeur sénatorial. Le 16 mai l'avait effrayé plus qu'il ne l'avait rassuré; le 16 mai lui faisait voir de quelle manière on entendait anticiper sur la clause de révision, sans toutefois lui laisser entrevoir à quel régime on pouvait être conduit par l'alliance des trois partis monarchiques.

A ces incertitudes, à cet inconnu qu'on lui représentait comme un maximum de périls et de piéges, l'électeur influent de 1877 a préféré ce que lui promettait l'union des républicains; il a préféré tenir à voir venir et, le 14 octobre, il a poussé à des choix que, l'année précédente, il eût peut-être considérés comme redoutables. D'où il faut conclure que si, en 1878, le même esprit l'anime, plus un candidat au Sénat se posera en ennemi des institutions actuelles, prêt à réviser la Constitution de 1875, plus les électeurs sénatoriaux seront tentés de lui refuser leurs voix.

Ces dispositions ont été, du reste, assez finement pressenties par les comités des gauches du Sénat et de la Chambre des députés. Dans les manifestes

adressés au commencement du mois d'août aux électeurs des trente-trois départements où des sénateurs
sont à élire, les signataires de ces documents insis-
tent particulièrement sur les arrière-pensées dont
doivent nécessairement être animés des candidats qui
ont en vue le fameux article VIII et qui ont prêté la
main à l'acte du 16 mai, en autorisant la dissolution
et tous les désagréments publics ou privés qui s'en
sont suivis. Ils parlent au nom de la tranquillité gé-
nérale, au nom de la dignité du corps électoral, au
nom du suffrage universel, au nom du danger qu'il
courrait inévitablement si l'on introduisait encore
dans le Sénat des hommes qui l'ont, une première
fois, méconnu. Le comité des sénateurs, le comité des
députés s'entendent pour faire vibrer cette corde ; ils
la considèrent, à bon droit, comme la plus sensible
pour les électeurs. Ils veulent prévenir un nouveau
16 mai et ses conséquences; ils ne visent que le
16 mai. On sent bien, en les lisant, que l'élection sénatoriale sera la continuation et comme un prolonge-
ment de l'élection du 14 octobre ; ce sera la même bataille, avec les mêmes adversaires, les mêmes dangers
à courir, les mêmes lauriers à recueillir ; une bataille
ainsi réglée par les circonstances que les républicains
sont réputés les vrais conservateurs et leurs adversaires les vrais révolutionnaires.

Telle était la logique de l'élection de 1877; telle
sera la logique de l'élection sénatoriale du mois de
janvier prochain ; c'est une logique implacable créée
par les subterfuges et les fausses manœuvres de cette
majorité monarchique du Sénat qui, après avoir pé-
niblement accommodé une Constitution républi-

caine, entendait qu'on la pût détruire sans cesser de représenter les intérêts conservateurs du pays.

————

On se demande avec quels raisonnements, avec quelles forces politiques ou autres, par quelles coalitions nouvelles, les trois partis monarchiques, si complétement vaincus en 1877, pourraient, en 1879, prétendre à la moindre revanche. — Les raisonnements ne sauraient porter que sur la nécessité, pour bien équilibrer les pouvoirs publics, de donner à celui-ci un esprit absolument contraire à celui-là, mettre des républicains d'un côté, des monarchistes de l'autre, pour que le pays ne soit point tiraillé en tous sens et pour que le gouvernement marche bien. On soutiendra aux électeurs que l'harmonie doit résulter du désaccord et que, plus le Sénat abolira de lois votées par la Chambre des députés, plus les affaires publiques seront conduites au mieux de nos intérêts et de nos principes.

Parmi les écrivains conservateurs, un des plus conciliants, le directeur de l'*Estafette*, s'est aventuré dans cette voie périlleuse ; il est allé jusqu'à s'excuser de la force que, s'ils étaient suivis, ses conseils apporteraient à la République. M. Léonce Détroyat pensait, en effet, que le seul moyen de fortifier la République était de maintenir la majorité du Sénat telle qu'elle se trouve formée aujourd'hui, c'est-à-dire avec des hommes bien résolus à jeter bas la République à première occasion et toujours prêts, en attendant, à ne lui épargner aucun embarras. De cette manière, notre honorable confrère se flattait de l'espoir qu'il pourrait décider les meilleurs républicains à voter pour des candidats qui ne le sont guère.

D'autres conservateurs essayent de faire croire que l'introduction dans la Chambre haute d'une majorité républicaine mettrait les ministres actuels en péril et pourrait amener des questions de cabinet, peut-être même des questions de gouvernement fort gênantes et fort inopportunes. Ceux-ci semblent s'intéresser extraordinairement à la tranquillité des ministres ; ils leur signalent d'avance le péril que leur ferait courir un nouvel accroissement de l'action républicaine dans les Chambres et les veulent intéresser à la résistance que les comités conservateurs se proposent d'organiser. Pour rompre le faisceau des forces dont la majorité dispose, on laisse croire même que, devant des élections qui enlèveraient aux conservateurs la majorité dans le Sénat, le maréchal de Mac-Mahon serait résolu à se démettre de ses fonctions présidentielles ; c'est-à-dire qu'il renoncerait à sa fière devise : « J'y suis, j'y reste. »

Que signifient, je le demande, ces théories étranges, ces fausses sollicitudes et ces vaines menaces ? On a mis le bon sens public dans une telle voie que tout ce qui pourra, de près ou de loin, dans le présent ou dans l'avenir, nuire au développement de la République, lui semblera suspect. Il résistera surtout à cette pensée que l'opposition du Sénat est salutaire et ne comprendra pas plus l'utilité de juxtaposer un Sénat rétrograde à côté d'une chambre avancée qu'il ne comprendra l'utilité d'adapter à un équipage une

roue qui tourne en avant et une roue qui tourne en
arrière. Les considérations propres à justifier une telle
dérogation aux lois de la locomotion sont trop pro-
fondes pour être saisies du plus grand nombre ; ce
n'est point avec des subtilités de cette sorte que l'on
entraîne le suffrage universel, alors surtout qu'on
l'a bien convaincu que la République était le gouvernement qui nous devait diviser le moins. Avec le
mécanisme qu'on lui voudrait appliquer, ce gouvernement serait celui qui nous diviserait le plus.

Pour ce qui regarde les ministres, le corps électoral
ne se laissera guère toucher, je crois, par la crainte
que le cabinet peut être ébranlé. A quelle entreprise
ingrate les conservateurs ne se livrent-ils pas lorsqu'ils veulent faire entrer dans la tête des électeurs
sénatoriaux que, si leurs candidats viennent à triompher, les ministres ne pourront plus tenir, tandis que
si les candidats dont ils partagent le moins les opinions l'emportent, malgré les préfets et tous les
agents administratifs, le cabinet sera inébranlable ?
Non, cent fois non, le pays n'entend rien à ces façons
de parler ; il n'est pas aussi subtil que l'esprit parlementaire le comporte. Il ne saurait se montrer com-
plaisant au point de sacrifier les notions de logique
élémentaire dont il lui est recommandé de faire usage
dans toutes les circonstances de la vie.

S'agit-il encore de la démission du maréchal de
Mac-Mahon ? Il serait plus convenable de ne point
trop s'appesantir sur un pareil sujet qui, dans ces
derniers temps, a défrayé la polémique des journaux.
Dans les conjonctures présentes, après une élection
sénatoriale républicaine, cette démission pourrait être

considérée comme un pur caprice, un acte de haute fantaisie. Il n'y a pas un seul électeur qui redoute un semblable accident. Ceux qui ont vu le président de la République ne pas broncher à la suite des élections du 14 octobre, le peuvent-ils croire capable de devancer d'un seul jour l'échéance de ses pouvoirs? Pourquoi persister à faire de la retraite du maréchal un moyen d'intimidation électorale? Déjà, l'an passé, on essaya de peser sur le scrutin en assurant qu'il resterait ferme à son poste et fidèle à ses amis. Il y a tout lieu de penser que le chef de l'Etat se fatiguerait à la longue de voir l'abus qu'en toute occasion, on fait de sa personne; il annoncerait officiellement sa résolution de ne point abandonner avant son terme légal, par la seule raison que les républicains y dominent, un pouvoir qu'il tient d'une majorité monarchique.

Que si l'on voulait absolument accorder un examen sérieux à cette affaire de la démission du Maréchal, on serait amené à reconnaître que le chef du pouvoir exécutif ne devra point se trouver plus gêné devant un renouvellement du Sénat, tel que le prépare le crédit croissant des idées républicaines, qu'il ne s'est trouvé gêné devant le triomphe des 363. Dans la lutte de l'année dernière, le duc de Magenta, sortant de sa neutralité constitutionnelle, s'était personnellement mis en avant; il eut une part marquée dans la défaite de ses candidats. Pour l'élection des sénateurs au contraire, il ne doit intervenir en aucune manière; son nom, son patronage ne seront invoqués ni par les candidats conservateurs, ni par les candidats républicains. Si donc, après un engagement où il n'aura point donné, le Maréchal abandonnait la présidence, il se mettrait dans le cas d'un guerrier qui se fait porter à l'ambulance pour soigner des blessures qu'il eut été exposé à recevoir, sur un champ de bataille où on ne l'eut point aperçu.

Oui vraiment, le maréchal de Mac-Mahon commettrait là une belle imprudence ! Nous avons des raisons de croire qu'il ne trouverait, autour de lui, ni parmi ses amis d'autrefois, ni parmi ses amis d'à présent, personne pour le lui conseiller. Les amis d'autrefois, s'ils ont encore voix au chapitre, ne sont pas assez naïfs, pour supposer, que la brusque retraite du Maréchal prendrait les républicains au dépourvu; ils n'espèrent pas que sa succession resterait assez longtemps vacante pour donner à l'un des prétendants monarchiques le temps de se créer un parti dans le peuple et dans l'armée. Qu'on en soit bien persuadé, les membres influents du parti conservateurs ne sont point gens à laisser la France et la République en de semblables périls. Le même sentiment de prudente réserve qui, à leurs yeux, a dû empêcher le Maréchal de ne point descendre du pouvoir en 1877, doit l'y maintenir jusqu'en 1880. Les anciens amis de l'Elysée considèrent que c'est une tranquillité pour eux et pour le pays.

Quant aux républicains, ils ne doivent point désirer non plus que la présidence de la République devienne immédiatement vacante; si elle le devenait malgré eux, ils tâcheraient de faire face à cet accident; mais les plus avisés, ceux qui impriment le mouvement à la marche des affaires, et en particulier les ministres actuels feront tout au monde pour conserver le duc de

Magenta. Ils sont si loin d'en être embarrassés que, pour lui ôter tout prétexte de se démettre, ils conserveront le cabinet qui, en décembre 1877, a obtenu la confiance du duc de Magenta et l'a décidé à rester à son poste. Avec une sagacité qui rarement leur fait défaut, les républicains dont je parle comprendront aisément, que vivant, depuis un, an avec M. Dufaure et avec ses collègues, le Président de la République doit avoir pris l'habitude de leurs visages, qu'il a peu à peu oublié, en cette nouvelle compagnie, les personnages que le 24 mai et le 16 mai lui avaient donnés pour conseillers et presque pour tuteurs ; ils ne seront pas assez fous pour ne point savoir que le seul moyen de l'exciter à garder la République jusqu'au bout, c'est de ne rien changer au personnel gouvernemental présidé par M. Dufaure.

Il faut encore moins espérer toucher les électeurs par la perspective de ce que les conservateurs ont coutume d'appeler « le péril social ». L'opportunisme est venu, fort à propos, corriger le péril social, et la bourgeoisie française est beaucoup plus rassurée par le premier qu'elle n'est épouvantée du second ; comme elle a vu naguère et à différentes reprises la société, travaillée par le spectre rouge, elle s'imagine à tort ou à raison que ces crises ne peuvent toujours se renouveler ; elle a d'ailleurs la preuve qu'elles ne sont point mortelles et se fie, sur ce point, à sa bonne étoile.

C'est donc en vain que des feuilles périodiques, animées de la plus louable sollicitude pour l'intérêt public, se donnent la peine d'évoquer les souvenirs lugubres des grandes catastrophes républicaines de 1793, de 1848, de 1871 ; c'est en vain que l'on fait entrevoir aux adeptes nouveaux de la République qui se piquent de modération, le sort des Girondins et de ce parti qui, en 1790, s'appelait déjà le parti constitutionnel. Que leur importe ce qui est arrivé à Robespierre qui fut constitutionnel au point de désirer être gouverneur du Dauphin et que le torrent de la révolution emporta jusqu'au jacobinisme et jusqu'à l'échafaud ? Que voulez-vous que craignent les braves et honnêtes, citoyens qui sont d'humeur si douce, lorsque vous venez leur dire que, s'ils eussent vécu au siècle dernier, ils eussent voté avec Marat, la mort de Louis XVI ; après quoi ils eussent été jetés eux-mêmes en pâture à la guillotine, pêle-mêle, avec tous ceux qui avaient, à un degré quelconque, prêté la main aux applications des doctrines nouvelles et à la théorie des droits de l'homme. Si vous croyez qu'il se trouve un seul bourgeois de la ville ou de la campagne qui se croie menacé du sort de Robespierre, de Danton ou de Brissot, vous connaissez bien mal ces bons citoyens.

Le bourgeois vous répondra sans sourciller, qu'il est un trop modeste esprit pour que ces rapprochements le touchent, qu'ils n'est appelé ni à décider de la mort du roi, puisqu'il n'y a plus de roi, ni à être exécuté lui-même par la seule raison que « ce temps est passé ». Que lui importe que Robespierre, se sentant perdu, se soit écrié : « Peuple malheureux, on se « sert de tes vertus pour te tromper ! peuple vertueux, « en se sort de tes malheurs pour t'opprimer ! Peuple « vertueux et malheureux oublie ta générosité natu- « relle et sers-toi de ta force pour protéger ta vertu « et te sauver du malheur ! » Tous les Français de quelque bon sens sont très enracinés aujourd'hui dans la croyance qu'aucun Robespierre ne s'avisera jamais plus de tendre de semblable piéges à la générosité du peuple et ils savent aussi que le peuple, dans ces derniers temps, a été suffisamment exercé à distinguer ses amis de ses ennemis pour ne point se laisser prendre à ce perfide langage.

Enfin, quelques efforts que tentent les partis monarchiques, il n'y a plus rien à faire avec cette portion de la nation que la constitution du 25 février 1875 a investi d'une sorte de pouvoir dirigeant : rien ne peut l'entraîner, rien ne peut l'effrayer; elle a le fait acquis d'une république fort sage, disciplinée, pas plus entreprenante qu'il ne le faut, d'une République qui a maintenu l'intégrité des biens et des fortunes, d'une République comptant déjà des années d'existence qui lui assurent un droit de prescription. Renverser la République aujourd'hui sous prétexte d'éviter le sort de Robespierre et pour n'être point guillotiné ne lui semble pas moins dangereux qu'il n'eut été dangereux, il y a quinze ans, de renverser l'empire pour acquérir plus de liberté. La chute de ce régime a déragé bien des fortunes; la chute de la République causerait peut-être de pires malheurs. C'en est fait; pour ces électeurs du deuxième degré, la cause est entendue.

Il faut considérer d'ailleurs quel crédit peuvent avoir devant l'assemblée des électeurs sénatoriaux des comités formés des débris de la coalisation de 1877.

Nous entendons reprocher aux groupes républicains, je leur ai reproché moi-même, de n'être qu'un faisceau de forces disparates et contraires que le moindre accident désagrégera ; — ce faisceau, jusqu'à présent, a fort bien résisté. Dieu sait si cette solidité sera éternelle ; mais on ne saurait affirmer que la coalition des partis monarchistes, si elle eût été soumise à l'épreuve décisive du pouvoir, eût fait aussi bonne contenance. Il y a certainement de bien fortes incompatibilités entre les trois sortes de monarchies dont les partisans se sont ligués et cherchent à se liguer encore contre la République ; si éloigné que soit M. Léon Renaut de M. Barodet, en est-il plus éloigné que M. le duc d'Audiffred-Pasquier de M. Cunéo-d'Ornano ?

Les républicains, de quelque couleur qu'ils soient nuancés, ont toujours, sur les monarchistes, cet avantage qu'ils veulent tous la Republique ; ils ne s'accordent pas moins à la demander que tous le groupe des royalistes à demander la royauté, que tout le groupe des orléanistes à demander leur monarchie, que tout le groupe des impérialistes à demander l'empire. Si on peut dire aux républicains : « Quelle République « voulez-vous ? » ne peut-on pas dire au royalistes, aux orléanistes, aux impérialistes : « Quelle monarchie, quel empire voulez-vous ? » Les premiers sans doute ne s'accordent point sur la qualité de la République ; mais les seconds s'accordent-ils davantage sur le choix de la monarchie, sur le drapeau, sur les bases constitutionnelles, sur quoi que ce soit ? Ceux-ci font mieux que de pas s'accorder ; il est un point sur lequel ils s'excluent : les uns sont le négation des autres ; ils ont fait de louables efforts pour se persuader qu'ils se pouvaient rencontrer sur le terrain du péril social ; ce péril social même, ils l'entendent d'une manière si différente que des orléanistes ont fait cette déclaration importante : « *Tout* plutôt que l'empire », tandis que certains royalistes ont dit : « l'empire plutôt que l'orléanisme ». D'autre part, nous avons beaucoup d'impérialistes et des plus marquants qui disent hautement : « la République plutôt que l'orléanisme ». En cherchant bien, on en rencontrerait peut-être d'assez purs pour s'écrier aussi : « La République plutôt que le drapeau blanc ». — Nous ne sommes pas tous Vendéens.

Eh ! ne sait-on pas que c'est le manque d'homogénéité de cette ligue monarchiste qui a été, jusqu'à ce jour, la plus grande force des groupes républicains ? Ceux-ci se sont rapprochés et unis à la faveur des divisions de leurs adversaires ; ils doivent à la diversion que faisait en leur faveur ce difficile travail d'agrégation, aussi méticuleux et aussi vain que l'était le travail de Pénélope, de s'être fortifiés dans des positions révolutionnairement acquises. Lorsque, maîtres de la majorité dans l'assemblée nationale, ils n'ont pu s'unir assez pour trouver un autre nom que le nom de République au régime du 24 mai ; lorsqu'ils n'ont pu s'unir assez pour dominer M. Thiers ; lorsqu'ils n'ont pu s'unir assez pour fixer les conditions d'une restauration monarchique dont ils disposaient et dont la France semblait prendre son parti ; lors que, après cette déception, ils se sont disputés, un an, sur la portée du septennat, sur le *personnel* et l'*impersonnel* ; lorsque, en 1876, maîtres du pouvoir, ils n'ont pas été assez unis

pour conserver les majorités électorales que la réaction de 1871 leur avait apportées; lorsque, en 1877,
ayant ressaisi le pouvoir par un acte très hardi, ils
n'ont pas été assez unis pour formuler des conclusions
nettes et précises devant le suffrage universel qu'ils
prenaient pour juge, comment les groupes conservateurs espèreraient-ils se défaire, devant le scrutin
sénatorial, de ce défaut d'entente cordiale qui, jusqu'à
ce jour, a fait avorter toutes leurs entreprises?

Ne serait-il pas temps enfin que les conservateurs
ouvrissent les yeux sur les causes réelles de leurs con-
tinuels échecs? Ne voient-ils pas que les incompatibilités qui les distinguent et les arment les uns contre
les autres excitent, au plus haut point, les défiances du
pays? Le pays sait bien, s'il se livre à la ligue
monarchique, qu'il entre dans une série de tourmen's
et dans des luttes sans fin; il sait bien que, si la majorité leur était acquise, les conservateurs seraient,
pour exercer le gouvernement, encore plus en désaccord qu'ils ne l'ont été pour le conquérir. Depuis deux
ans, les républicains sont les maîtres; ils restent tels
que la lutte électorale les a trouvés; c'est une armée
qui garde, après la victoire, ses postes de combat.
Pareils aux généraux d'Alexandre, après la mort de
ce monarque, les conservateurs victorieux eussent
entrepris incontinent les uns contre les autres, de
petites expéditions dont la nation eût été plus troublée que des prétendues catastrophes où les républicains devaient l'entraîner. Voilà du moins ce que
pressentaient les électeurs; ces craintes les dominent
encore et leur semblent aussi fondées que jamais.
Dans tous les cas, M. Thiers, dont les sentences et

les prophéties ont reçu, des événements, une singulière confirmation, leur a mis dans l'esprit que la
République était le gouvernement le plus fraternel ;
jusqu'à présent, M. Thiers a eu raison ; il a eu
peut-être plus raison que lui-même n'en croyait
avoir.

On se rend compte de l'intérêt qu'aurait eu, pour
les conservateurs-monarchistes, une victoire obtenue, en 1876 ou en 1877, sur le terrain des élections générales ; mais, dans les élections qui se préparent, alors même que les soixante-quinze sénateurs dont le mandat expire et les successeurs de
ceux qui sont morts seraient choisis à leur gré, quel
avantage en pourraient-ils retirer ? En quoi, la République serait-elle moins légalement établie qu'elle ne
l'est aujourd'hui ? Comment se trouverait-on en
meilleure situation pour la détruire ? S'il ne s'agit
point de détruire la République ou d'en abréger la
durée, de quoi donc s'agit-il ?

Nous cherchons quel est l'intérêt du parti royaliste
à maintenir sur leur chaise curule les cinq ou six sénateurs que l'élection de 1876 y a fait entrer ? Quels
avantages les partisans de M. le comte de Chambord
peuvent-ils obtenir des alliances que leur imposerait
forcément, dans certaines localités, le désir de faire
triompher leurs candidats. Si, à Toulouse, pour assurer le succès de M. de Belcastel contre M. de Malaret,
ils sont obligés de demander main forte à M. Dupor-

tal, ils ne seront vraiment pas bien relevés à leurs propres yeux ni aux yeux du suffrage universel. Il va de soi qu'un sénateur, élu dans de telles conditions, ne représente pas une majorité légitimiste; il représente seulement une majorité anti-bonapartiste. Alors même qu'un succès électoral serait pur de tout alliage démagogique, qu'importerait, pour la restauration du drapeau blanc, que le Sénat ne perdît pas un seul des légitimistes qu'il possède?

On assure que les orléanistes poursuivent un intérêt présidentiel et que, s'ils ne parviennent pas à restaurer leur roi constitutionnel, ils se dédommageront en faisant attribuer la présidence de la République à un membre de sa famille. Ce serait donc pour Mgr le duc d'Aumale que les conservateurs orléanistes se lanceraient dans la propagande des comités conservateurs. Il ne m'appartient pas de dire dans quelle mesure l'avenir et l'honneur de la France sont intéressés à l'avénement de ce prince; les nations opèrent quelquefois leur salut par les moyens les plus inattendus; ce que l'on peut dire, c'est qu'il est fort difficile d'engager le suffrage universel dans de pareilles transactions. On se gardera bien d'initier les électeurs sénatoriaux aux secrètes espérances de l'orléanisme; lorsqu'on sollicitera leurs votes, il ne sera pas permis de mettre en avant le désir de préparer les voies à une entreprise dont le principal défaut est d'éveiller les légitimes défiances des républicains sans donner aucune satisfaction honorable aux principes monarchiques.

Il ne paraît pas que le vent soit, en ce moment, aux présidences princières; ni les conseils communaux, ni les conseils généraux ni les conseils d'arrondissement, tels que les dernières élections les ont composés, n'ont mandat de livrer la République à une des familles qui, par tradition et presque par devoir, sont tenues de la faire disparaître. Le scrutin de 1877 exclut ces accommodements dangereux ; ce scrutin a été le plus bourgeois qu'il y ait eu ; il a procédé de l'esprit de M. Thiers et s'en est d'autant plus fortement imprégné que tout l'élément aristocratique et militaire représenté par les ministres, par la minorité de la Chambre basse, par les comités et par le chef de l'Etat, a eu sa part de la déroute. C'en est fait du d'*Aumalisme* comme de tout le reste ; aujourd'hui, il n'entre dans la pensée d'aucun électeur sénatorial de préparer une autre présidence de la République que celle de M. Dufaure, de M. Grévy ou de M. Gambetta ; on rêve d'un magistrat, non d'un prince ni d'un sabre. Alors même qu'il est porté par le plus libéral des princes, un sabre est toujours un sabre et le pays n'en est pas à réclamer cet accessoire pour lequel, à d'autres époques, il s'est un peu trop passionné.

Quant au duc d'Aumale lui-même, si l'on veut avoir la mesure du concours qu'il peut espérer des républicains, il faut se reporter au jugement que rendait sur lui, au mois d'août dernier, le plus important journal de la majorité.

« Parmi les hommes à prétention et qui ont essayé
« de se mettre en vue, M. le duc d'Aumale est l'un
« des plus insignifiants ; mais ses familiers, ses amis
« personnels ont joué un rôle qui n'a pas été oublié.
« S'associant à toutes les campagnes de furieuses réac-
« tions, à toutes les tentatives de lèse-nation, ils ont

« toujours apparu sous la figure de perturbateurs
« infatigables, insatiables d'intrigues, toujours prêts
« à sacrifier à leur féroce égoïsme le repos et le bien
« du pays. Que n'ont-ils pas fait pour donner le coup
« mortel au gouvernement établi par le suffrage uni-
« versel?... »

Il y en a long sur ce ton et l'on aurait tort de penser que ces appréciations sur Mgr le duc d'Aumale
sont l'expression d'une opinion isolée ou restreinte
dans le parti républicain. Le morceau que l'on vient
de lire montre à quelles profondeurs la répugnance
pour l'orléanisme a pénétré et sur quelles considérations cette répugnance se fonde.

Voilà donc, pour cette fraction du parti conservateur, une nouvelle illusion perdue ; elle ne trou-
vera point dans l'élection qui se prépare les profits
qu'elle en eût pu retirer en d'autres temps, alors que
la bourgeoisie française en était encore à penser que
l'orléanisme, sous quelque forme qu'il se présentât,
était la meilleure des Républiques. Aujourd'hui, cette
même bourgeoisie est arrivée à la conviction que la
République est la meilleure des monarchies.

Nous n'indiquons point les raisons pour lesquelles
les royalistes et les orléanistes doivent craindre de
présenter des candidats aux élections sénatoriales ;
nous indiquons les raisons pour lesquelles les électeurs
ne leur donneront point la préférence sur les candidats
républicains. Ces résultats sont bien prévus de tous les
côtés ; il est bien avéré que, dans la lutte prochaine, le
terrain se dérobe sous les pas de la plupart de ceux
qui s'appellent encore assez improprement les conservateurs. Déjà l'on prévoit le peu d'efforts qui sera

dépensé ; on a le sentiment d'une sorte de découragement anticipé et l'on voit bien que l'on va combattre pour la forme et pour sauver l'honneur du drapeau.

Sur bien des points, les conservateurs monarchiques voudraient se dispenser de livrer des candidats à une défaite certaine, car ils ne courent point seulement le danger d'être battus, ils courent aussi le danger d'être comptés ; mais, s'ils sont empêchés de vaincre, ils sont plus empêchés encore de s'abstenir. Quelle raison donner pour déserter la lutte? Peut-on dire que la liberté fait défaut? Faut-il avouer que l'on se désintéressera désormais des affaires publiques et formuler l'aveu humiliant que l'on fuit devant le « péril social? » — Que faire alors? Nier l'autorité du suffrage universel après qu'on l'a reconnue? Le récuser lorsqu'il vous condamne, un an après avoir réclamé son arbitrage? Il n'y a pas à dire : il faut marcher; il faut aller témoigner hautement au suffrage universel l'horreur que l'on a pour les personnes, pour le gouvernement de son choix, et, par cette nouvelle manifestation, rendre de plus en plus infranchissable l'abîme qui, depuis huit ans, s'est creusé entre le pays et les partis monarchiques.

Un de ces partis cependant n'en est point réduit à cette situation désespérée; c'est le parti qui, par ses origines, se rattache au principe même de ce suffrage universel dont l'autorité nous impose aujourd'hui le régime républicain.

Tandis que les royalistes et les orléanistes, fondus en un seul groupe monarchique, ne peuvent subir l'état de choses actuel sans se mettre en contradiction avec eux-mêmes, sans humiliation pour tout leur passé et sans se faire soupçonner de mauvaise foi, les impérialistes n'ont qu'à se maintenir dans la logique de leur système. Depuis huit ans, ils ont pu s'éloigner de leur tradition, se laisser entraîner à des jeux parlementaires et à des alliances qui les ont classés à côté des groupes et des hommes les plus impopulaires ; il faut cependant leur rendre cette justice qu'ils n'ont jamais renié, en théorie du moins, aucun des principes du droit national. Dans leur plus grands écarts, les impérialistes ont toujours professé un respect sans borne pour le suffrage universel ; aussi souvent qu'il a été attaqué ou violé, ils l'ont défendu, de la plume et de la parole..

Le prince en qui se résument toutes leurs espérances dynastiques n'a fait, jusqu'à ce jour, qu'une seule déclaration publique : elle a été en faveur de la souveraineté du peuple. Il n'y a pas jusqu'au titre même que s'est donné, dans le parlement, le groupe des députés et des sénateurs impérialistes qui ne rende témoignage en faveur du dogme démocratique sur lequel se fonde aussi la République. Qu'est-ce en effet qu'un parti de l'Appel au peuple, sinon un parti qui ne connaît d'autre loi que la loi des majorités et qu'anime l'ambition de faire prévaloir, avant tout, la volonté de la nation ?

Aujourd'hui, si l'on veut dégager la solution du problème politique que tant d'intrigues ont embrouillé, il importe de ne voir, dans ce qui est arrivé et dans

ce qui existe, que le triomphe d'une volonté bien définie, bien formelle du suffrage universel. Il n'est point
nécessaire, si l'on veut juger sainement un état politique, de se reporter à ses origines ; il est bien rare
que les origines d'un gouvernement soient très pures.
Nous n'avons point de peine à répéter ici ce que
nous avons si souvent écrit partout où nous l'avons pu,
rien n'est moins glorieux que l'acte révolutionnaire
d'où notre République est sortie ; mais il ne s'est
levé personne ni dans l'armée, ni dans la magis-
trature, ni, plus tard, dans l'assemblée souveraine de
la nation, pour réprimer la prise de possession du
4 septembre ni pour en arrêter le cours.

A la suite de ses représentants, après quatre années
d'hésitations et de réflexions, pressée de plus en plus
par l'exemple des personnes les moins républicaines,
sans fol enthousiasme et avec le calme réfléchi que
donne le malheur, la nation s'est sentie elle-même
portée vers ce qu'elle voyait pratiquer sans péril ; elle
a consacré la République par deux votes formels et
décisifs. Tel est le fait avec lequel nos consciences ont
à compter ; il n'y en a point d'autre.

Les amis de Mgr le comte de Chambord peuvent
dire : « Que le suffrage universel décide ce qu'il voudra ;
cela ne nous regarde point ; notre royauté est bien au-
dessus de ce fait contingent et relatif ; notre royauté
n'a pas à tenir compte des accidents et doit s'imposer
à la France dès qu'elle en aura le moyen. » Les partisans de la branche cadette, restés en dehors du con-
trat fusionniste, peuvent dire : « Nous procédons d'un
droit censitaire et non d'un droit populaire ; ce qui
s'est fait en dehors des pratiques si admirables du

gouvernement de Juillet est pour nous non avenu ; nous n'avons nullement l'obligation de le respecter. »

Mais les impérialistes que peuvent-ils dire? Le régime actuel s'est établi dans de telles conditions que, si l'Empire eût rencontré, dans le pays, les majorités sur lesquelles la République repose, il se considérerait en légitime possession du gouvernement.

Les impérialistes n'ont rien à dire ; seuls, ils ont le privilége de pouvoir rester en face du fait accompli, sans se contredire et sans s'humilier. Qu'importe que M. Rouher ait espéré des résultats différents de ceux qui ont été obtenus! Qu'importe que l'on soit arrivé à un état de choses qui contrarie les goûts de ceux-ci, qui blesse l'amour-propre de ceux-là! Il s'agit bien vraiment de ceux-ci et de ceux-là! Faut-il qu'un grand parti comme le parti de l'Empire soit toujours empêtré de personnalités qui le ruinent et qui le perdent?

Après tout, qui a parlé jusqu'à présent au nom de l'Empire? Ce sont des députés, ce sont des écrivains, ce sont de simples particuliers; ils ont dit ce qu'ils ont cru convenable de dire; ils l'ont dit bien ou mal. Ils pouvaient rencontrer juste, ils ont rencontré faux; le beau malheur! De la seule bouche autorisée de cette importante fraction de la démocratie française, de la bouche du prince impérial, il n'est sorti que ces mots : « Tout par le peuple et pour le peuple! »

Comment les impérialistes pourraient-ils s'appuyer sur cette sentence pour résister à une forme de gouvernement que le peuple s'est donnée? De grâce, n'équivoquons pas; ne cherchons pas à échapper à la logique qui nous étreint; mettons-nous bien dans l'esprit que le dogme de l'appel au peuple répugne aux difficultés de procédure dont on veut le charger, et que le suffrage universel n'admet point d'arbitraires distinctions entre telle expression ou telle autre de la volonté populaire. La République existe ; la République existe en vertu des principes mis en honneur par les partisans de la démocratie impériale.

Eh bien ! que faire? Nous avons essayé de convaincre les électeurs, nous n'y avons pu réussir; nous avons essayé de les captiver, de les séduire par les perspectives d'un retour à la douce et belle aisance d'autrefois; vains efforts ! Nous avons essayé de les effrayer ; ils n'ont pas eu peur. De ces pénibles efforts, de ces tentatives diverses, de nos polémiques, de nos discours, de nos écrits, que reste-t-il? Cette seule parole jetée un jour à la démocratie, par le fils de l'empereur exilé : « Tout pour le peuple et par le peuple. »

Ah ! si les orléanistes avaient une parole semblable, comme ils seraient peu embarrassés pour se conduire dans les élections sénatoriales ! Quant aux impérialistes, ils semblent avoir oublié ce que leur prince leur a dit pour ne se souvenir que des vagues déclarations de quelques hommes marquants de leur parti, engagés dans les coalitions monarchiques.

Avec la parole du prince impérial, on a une règle de conduite toute définie ; on est aussi avancé que si, au lendemain des élections de 1877, après l'échec de ses amis et les préférences accordées au régime républicain, l'héritier des Napoléon, s'adressant à ses partisans, leur avait dit:

« Le système politique que je représente et dont j'ai mission de poursuivre l'application, repose sur le principe du droit national ; s'il a pour but d'assurer à la France la possession tranquille et le développement régulier des conquêtes de la Révolution, un prince de ma race ne peut exercer cette mission que par la volonté du peuple. Le peuple est libre de se gouverner comme il lui plaît, et le meilleur gouvernement pour un pays c'est le gouvernement que ce pays veut avoir. J'ai pu croire et mes amis ont pu croire que la nation française, en souvenir de la gloire du premier Empire et de la féconde influence du second, désirerait plutôt se tenir au plébiscite de 1870 qui légitime mon règne, que courir, avec la République, des risques d'anarchie et de guerre civile. Nous nous sommes mépris : le suffrage universel ne nous a point accordé ses préférences ; le suffrage universel a voulu la République.

« En vertu même du principe qui est notre raison d'être, qui nous distingue des partis monarchiques et qui fait du régime impérial une des formes de la démocratie, il nous appartient de donner aux républicains, l'exemple d'une soumission qu'en d'autre temps nous avions le droit d'exiger d'eux. — J'invite tous ceux qui sont restés attachés à ma dynastie et qui croient pouvoir retirer, pour la France, quelque bien des principes que cette dynastie représente ; j'invite ceux des anciens serviteurs de mon père, que le suffrage universel a ralliés à l'Empire, à se laisser aujourd'hui ramener à la République. Pour la cause qu'ils servent, la fidélité consiste moins à observer l'attachement à ma personne qu'à ne jamais s'é-

carter de la stricte observation des règles et des traditions de ma famille.

« La fidélité à l'Empire, c'est la fidélité au suffrage
universel.

« Je veux être le premier à pratiquer cette fidélité ;
je ne suis plus un prétendant, je veux être un citoyen.
Je réclame des chefs de la République, de son Président, des ministres, l'honneur de servir mon pays, de
reprendre, dans l'armée, mon rang de soldat auquel
mon âge et ma qualité me donnent droit. Qu'il ne soit
plus question désormais, parmi nous, d'une autre
restauration que de la restauration de la force, de la
grandeur et de la prospérité de la France, et ne parlons point de changer le présent état de choses aussi
longtemps qu'il sera conforme à la volonté souveraine de ce pays. »

Une pareille proclamation, si elle eût été lancée en
son temps, n'en eût pas dit plus assurément que la
déclaration de Chislehurst du 16 mars 1873. Elle
n'eût été qu'une amplification et une mise en pratique
de cette promesse, loyalement et spontanément faite,
de ne rien entreprendre qui ne fût dans l'intérêt et
dans les volontés du peuple, comme si déjà le fils
de l'Empereur eût été convaincu que rien ne peut être
fait dans l'intérêt du peuple qui est fait contre son
droit.

En ce qui nous touche, nous sommes convaincu
que, s'il voyait les impérialistes se tenir étroitement
à leurs principes, ne plus s'associer à des entreprises
de réaction ni à des comités où figurent ses ennemis
traditionnels, le suffrage universel cesserait de tenir

rigueur aux hommes qui n'ont point dissimulé leurs regrets pour la dynastie déchue. Si un grand nombre d'électeurs ne montrent aucun goût pour les candidatures impérialistes, il s'en trouve chez qui cet éloignement indique moins de répugnance pour le régime impérial que de crainte de voir interrompre le cours régulier de la démocratie française ; il suffirait donc, pour rallier des sympathies et des voix aux partisans du dernier règne, de rassurer les majorités sur leurs desseins et de rompre, une fois pour toutes, avec le projet de révolutionner la France, soit à la faveur du droit de révision, soit par quelque tentative extra-légale.

Il est de toute évidence que le parti de l'appel au peuple est tombé, à l'égard du peuple, en une sorte de discrédit ; s'il peut lui servir de quelque chose, que le prince Louis Napoléon recherche et obtienne l'honneur de quelque belle alliance dans une cour étrangère, il lui importerait mieux qu'il se conciliât la faveur de la nation française. Celle-ci a ses rancunes et ses jalousies ; elle a ses méfiances et son égoïsme ; elle est plus touchée, je pense, de l'empressement que l'on met à lui obéir que de certaines démarches et de certaines précautions d'où il semble résulter que l'on croit pouvoir se passer d'elle...

De l'ensemble des idées et des faits que nous avons énoncés, quelle conséquence pratique faut-il tirer au point de vue de l'attitude des impérialistes dans les élections sénatoriales ?

Il est bien entendu que nous ne prétendons, en aucune façon, leur tracer une ligne de conduite ; celui qui écrit ces lignes n'a vraiment aucune qualité pour s'arroger un pareil droit; mais, il se croit autorisé, comme en son temps, Mallet du Pan, à faire entendre à ses amis égarés la voix de la raison et de leur ouvrir les yeux sur les réalités présentes. Tout homme d'ailleurs n'est-il pas libre de parler à son gré des sujets qui intéressent telle ou telle cause ? Nous avons assez montré de zèle pour cette cause vaincue si chère à Caton ; alors qu'elle était abandonnée de ceux qui avaient la plus étroite obligation de la servir, nous éprouvions pour elle un penchant dont beaucoup de gens se montraient surpris. Pour nous conduire comme nous l'avons fait, nous avions nos raisons; nous les avons dites en mainte occasion ; nous pouvons nous croire dispensés d'y revenir ; mais, si nous avons pu, à un certain moment, nous singulariser de la sorte, c'est bien le moins qu'aujourd'hui notre pensée ait toute liberté de s'étendre sur une question politique des plus graves et des plus décisives. Aussi bien que ceux qui recommandent aux impérialistes de renouer, dans la formation d'un nouveau comité conservateur, les pactes funestes de 1877, nous avons le droit de dire qu'une occasion va s'offrir à eux de réparer les erreurs qu'ils ont commises depuis sept ans, et que cette occasion sera sans doute la dernière.

Non certes, personne ne nous empêchera d'avertir le parti de l'appel au peuple que ses relations avec le suffrage universel, jadis si étroites, sont compromises et qu'elles courent le risque de l'être pour toujours. Il y a un an, ils se sont quittés en assez mauvais termes ; ils vont se retrouver en présence ; tout dépendra de cette nouvelle rencontre. Ce serait bien mal connaître ce pays que de supposer que, s'ils revoient les impérialistes tels qu'ils les ont vus, du mois de mai au mois d'octobre dernier, confondus, liés d'intérêt avec les pires ennemis du droit populaire, les électeurs pourront encore conserver des illusions sur un parti qui s'appelle si mal à propos le parti de l'appel au peuple. Les amateurs convaincus de démocratie impériale prendront bien garde à ne point tomber dans cette faute irréparable.

Que si, parmi eux, il en est qui se sentent blessés de la conduite du suffrage universel à leur égard, ou à l'égard du régime qu'ils aiment et qu'ils admirent, qu'ils s'éloignent des groupes fidèles à la volonté nationale ; ce ne sont plus des impérialistes, ce sont des royalistes, des orléanistes, peut-être de simples fantaisistes ; mais, à coup sûr, ce ne sont point des démocrates. On les peut défier de concilier jamais leur résistance à la République avec l'espoir d'un mode de restauration avouable et praticable de leur dynastie.

L'Empire se fonde par le suffrage universel et pas autrement ; quand le suffrage universel se tourne vers la République, les vrais impérialistes deviennent républicains ; ceux qui ne le deviennent pas, ne sont point de vrais impérialistes ; sous peine d'être perdus par eux et avec eux, il les faut abandonner.

Voici où ces raisonnements nous mènent : des élections sénatoriales se préparent ; les partisans de l'Appel au peuple n'ont pas à se demander si, en assurant la réélection des sénateurs sortants, ils pourront main-

tenir, dans la chambre haute, une majorité conservatrice ; encore moins doivent-ils se préoccuper de
savoir si, en 1880, cette réélection pourra faire espérer soit une révision de la constitution, soit une répé-
tition de la tentative du 16 mai. Que signifient pour
des impérialistes, ces mots de « majorité conservatrice » ? Ils signifient un assemblage plus ou moins
grand de légitimistes, de fusionnistes, de constitu-
tionnels, leurs pires ennemis.

Avant tout, ce que ces conservateurs veulent conserver, c'est leur influence, c'est leur fortune, c'est
leur personne, toutes choses qui ne regardent nullement les impérialistes. S'agit-il de 1880 ? Qui ignore
encore aujourd'hui que les républicains ont leur siége
tout fait pour 1880 et que les soixante-quinze sénateurs renouvelables et les huit sénateurs décédés
pourraient ressaisir leur mandat sans que la majorité
actuelle fût détruite. D'une nouvelle dissolution, il
ne saurait être question ni dans le présent ni dans
l'avenir. Dans tous les cas, qu'il y eût révision, dissolution, confiscation de la République par les voies
légales ou par les voies illégales, les impérialistes ne
peuvent s'attendre à croquer les marrons qu'ils seraient appelés à tirer du feu.

Ce qui les doit inquiéter uniquement désormais
c'est de savoir par quel bout prendre le suffrage universel et de chercher, par là, le salut de la France.
Le suffrage universel ne penche point du côté d'une
révision de la constitution dans le sens monarchique ;
le suffrage universel ne penche ni vers les coups
d'Etat, ni vers l'orléanisme, ni vers le royalisme, ni
vers le cléricalisme, ni même, il faut bien se l'avouer,

vers l'impérialisme. — A l'heure présente, à ne considérer que les tendances extérieures et apparentes de l'opinion publique, M. Rouher semble plus près d'être président de la République que le prince Louis-Napoléon d'être empereur des Français. — Vers quoi donc le suffrage universel penche-t-il? Il penche vers le maintien du régime existant; non pas peut-être parce que c'est la République, mais parce que c'est le régime existant. Il n'admet guère que l'on soit conservateur en voulant conserver ce qui n'est point au préjudice de ce qui est. — Voilà pourquoi il faut voter dans le sens de ce qui est.

Ne serait-ce pas demander trop d'abnégation aux impérialistes, si fermes qu'ils soient sur les principes, que de les obliger de préférer des candidats républicains, hostiles peut-être à leur cause, à des candidats impérialistes? Il n'est point nécessaire qu'un si grand sacrifice leur soit imposé. C'est à leurs candidats à réduire leur programme à un minimum de concessions déterminé par l'esprit de la constitution et par les aspirations générales du pays. Qu'ils témoignent hautement de leur déférence pour la volonté populaire; qu'ils considèrent comme parfaitement authentiques et suffisantes ses dernières manifestations; qu'ils regrettent l'empire, — pour quelques-uns, c'est un devoir pieux dont les populations ne sauraient être choquées; — mais que ces regrets ne revêtent point une forme séditieuse ni même une forme d'opposition systématique aux conditions actuelles du pouvoir. En coûterait-il donc beaucoup à des impérialistes de promettre solennellement au corps électoral, de laisser la France prospérer sous la démocratie républicaine? Veulent-ils qu'elle ne prospère qu'avec l'empire ou qu'elle ne prospère pas du tout?

Dans leur nombre, se trouvent des hommes timorés à qui leur conscience murmure sans cesse de sinistres prédictions sur l'avenir; ils se font scrupule de laisser la France en République parce qu'ils ne croient pas que la République se maintienne sage et modérée. Plutôt que de la livrer aux *communards*, ils la livreraient à M. le comte de Chambord ou à Mgr le duc d'Aumale. Ces sentiments sont exquis; mais on peut dire qu'ils créent aux impérialistes une infériorité marquée sur les autres groupes du parti conservateur. Ce n'est point parmi ces derniers, en effet, que l'on trouverait beaucoup d'hommes disposés à jeter la France dans les bras de l'empire pour éviter de la voir tomber aux mains du radicalisme. De quel côté est partie cette parole féroce que je citais plus haut : « Tout plutôt que l'empire ?... » Elle montre qu'avec les monarchistes, les partisans de l'appel au peuple n'ont pas à se gêner.

Si, sur le terrain électoral, un monarchiste se rencontre avec un impérialiste, ce dernier doit s'efforcer de bien établir la différence qui existe entre cette candidature et la sienne; s'il y a un second tour de scrutin, c'est vers le républicain et non vers le monarchiste que devront se porter les voix impérialistes. J'entends que le républicain soit de la catégorie des modérés et non un radical. Avec les radicaux un parti, qui veut rester un parti de gouvernement, ne saurait jamais frayer. Etant données les relations d'origine qui lient les républicains aux impérialistes, ces derniers doivent pencher vers ceux dont ils sont séparés plutôt par des intérêts momentanés que par des principes permanents, et ne point se laisser détourner par le dépit d'être dédaignés aujourd'hui après avoir été si fort préférés hier.

En observant une pareille conduite, les impérialistes ne seront peut-être point payés de retour par les chefs républicains ; ceux-ci jusqu'à présent ont toujours eu soin de faire porter tout l'effort de leur action électorale contre les partisans de la démocratie impériale ; nous en avons vu qui, pour faire échec à un candidat de l'appel au peuple, se sont ligués ouvertement avec des royalistes, ménageant à ceux-ci, dans les phases de la lutte, des succès inespérés.

Qu'importe aux impérialistes le traitement que leur inflige le mauvais vouloir ou l'excessive prudence de leurs rivaux ? Ce n'est point quelques notabilités républicaines qu'il s'agit de gagner ; c'est le pays qu'il s'agit de convaincre de la bonne intention où l'on est de ne rien déranger à ses institutions et de se résigner, quoi qu'il en coûte, à faire ses volontés. En préférant à des monarchistes leurs ennemis personnels qui sont cependant les soutiens dévoués du régime actuel, les impérialistes apportent cette preuve ; de plus, ils ne font pas un bien grand sacrifice, car, s'ils n'ont point le bonheur d'obtenir la confiance des républicains, ils ne perdent point la confiance des monarchistes, puisque cette confiance, ils ne l'ont jamais eue.

A quoi donc se réduit en définitive le programme de soumission que nous traçons au parti de l'appel au peuple pour la conduite à tenir dans les élections sénatoriales ? Il se réduit à prendre, dès à présent l'attitude que les impérialistes se disent tous résolus à prendre, le jour où directement interrogés sur la forme du gouvernement, d'après le plan tracé dans la séance du 5 novembre 1873, au nomde ses amis, par l'honorable baron Eschassériaux, les électeurs se seront prononcés négativement pour l'empire.

Ce qu'ils feront volontiers après l'épreuve plébis citaire, pourquoi les impérialistes ne le feraient-ils pas après la double épreuve électorale de 1876 et de 1877? La condescendance qu'ils ont pour le suffrage universel n'est-elle donc que théorique? est-ce une vaine affectation de soumission?

Le corps électoral serait autorisé à concevoir de pareils soupçons si, après ses manifestations énergiques et réitérées, ceux qui se disent les partisans décidés du droit national, continuaient à se liguer avec les ennemis traditionnels du droit national. C'est ce faisceau d'alliances suspectes qu'il s'agit de rompre; il faut quitter la politique personnelle, la politique d'expédients; il faut sortir des voies sombres et s'engager dans une voie lumineuse où pourront tenir et marcher de front toutes les forces de la démocratie mêlées, confondues, liguées contre l'ennemi commun que représentent les groupes monarchiques et la démagogie.

Lorsqu'ils se seront affranchis par cet effort intelligent et courageux, les impérialistes ne seront plus tributaires que de la nation; ils ne tremperont plus dans des entreprises où on les exploite et où peut-être on les trahit. On ne les verra plus enfermés, entassés dans une petite église où les hommages se détournent trop souvent des principes pour s'adresser aux gens. Rien ne les empêchera d'assister à de pieux anniversaires. Il importera peu qu'ils aient le regret du passé et le respect des absents ; s'ils ne portent pas à leurs tombes augustes l'oubli des traditions et la résistance aux lois de leur pays, personne n'aura le droit de blâmer leur pieux empressement.

J'ai une dernière considération à faire valoir : elle regarde aussi bien les impérialistes que les adhérents des autres groupes confondus sous le nom de parti conservateur. Les uns et les autres se targuent de ce titre de conservateurs ; ils croient qu'ils ne le peuvent concilier avec un acquiescement loyal et définitif aux institutions existantes ; ils veulent que le pays se fasse monarchique ; mais ils ne veuleut point se faire républicains. Comme nous l'avons marqué plus haut, cette prétention est d'autant plus singulière que, s'il a tourné ses vues vers la République, le pays a cédé beaucoup plus à la sollicitation de ceux qui veulent aujourd'hui la détruire, qu'il n'a été séduit par la conduite de ceux qui la veulent maintenir. On ne saurait trop le redire : Lorsqu'à Bordeaux d'abord, à Versailles ensuite, la République, fondée le 4 septembre, a été respectée, puis légalisée, ceux qui ont prêté la main à ces dispositions provisoires n'étaient-ils point des conservateurs ? Est-ce que, par hasard, ils aspiraient à supprimer les garanties de l'ordre moral ? Ne se proposaient-ils pas plutôt de fonder l'ordre moral ? Quand il dépendait d'eux de l'abriter sous une monarchie, ils l'ont abritée sous une République.

Ils ont donc démontré les premiers, par leur exemple, que l'on pouvait concilier les institutions républicaines, avec les principes qu'ils défendent. Aujourd'hui, par la conduite qu'ils tiennent, ils s'éloignent singulièremeut de cette théorie. Ils en sont à prouver que, si la Chambre des députés contient des amis de la République, la Chambre des sénateurs doit être pourvue d'une majorité anti-républicaine et que l'intérêt conservateur commande que le plus complet désaccord règne dans les pouvoirs; c'est-à-dire que, pour conserver la position étroite, malaisée, que les dernières élections leur ont laissée, ils ne savent plus qu'inventer. Que ne reviennent-ils à leur premier système, non avec des arrière-pensées de trahison, mais avec franchise et loyauté.

Ce retour ne doit point coûter aux impérialistes; ils seraient, dans tous les cas, assez mal venus de réclamer pour le Sénat une majorité opposante à la République, sous prétexte que c'est la seule manière de conserver celle-ci. De 1851 à 1870, ils ont eu, sur la composition des corps constitués, des vues toutes différentes; ils eussent trouvé plaisant celui de leurs adversaires qui se fût avisé de prétendre que, pour fortifier l'Empire, il fallait introduire au Sénat une majorité composée d'ennemis de l'Empire. D'un autre côté, s'ils ont la mission de protéger les principes conservateurs et de défendre, au temps où nous sommes, les intérêts que l'on croit en péril, ce n'est point leur soumission à la République qui les empêchera de suivre leur destinée.

S'ils ne tiennent qu'aux principes conservateurs, les

impérialistes les serviront mieux par leur obéissance que par leur résistance au suffrage universel. En renonçant à l'espoir, chimérique d'ailleurs, de substituer, en 1880, à la présidence du maréchal de Mac-Mahon, l'autorité souveraine du prince Louis-Napoléon, ils ne renoncent pas à combattre pour l'inamovibilité des magistrats; ils ne renoncent pas à se plaindre des abus de pouvoir que la majorité peut commettre, ni à résister énergiquement à la fantaisie qu'elle pourrait avoir de mettre en accusation les ministres du 16 mai; ils ne renoncent pas à faire respecter, dans l'armée, la hiérarchie et la discipline; ils ne renoncent pas à combattre l'intolérance antireligieuse des uns, l'intolérance républicaine des autres, ni à résister à d'inutiles représailles, ni à repousser tout projet de liquidation sociale, de quelque extrémité qu'il vienne.

Ils seront républicains conservateurs, et ils lutteront à ce titre avec tous les avantages inhérents à cette situation; ils seront d'autant plus écoutés que leur opposition ne portera plus sur une forme de gouvernement consacrée par le droit national. Ils seront, dans la Chambre haute, comme dans la Chambre basse, le noyau d'un parti tory qui ne pourra manquer de devenir très puissant. C'est ce parti qui absorbera toutes les fractions des partis modérés; c'est lui qui établira cette balance que l'on demande aujourd'hui à l'introduction dans le Sénat d'une opposition anti-constitutionnelle.

Y a-t-il rien de pire que des oppositions de cette nature; l'Empire en a fait la triste expérience. Elles visent le gouvernement; mais elles atteignent la nation elle-même; elles la démoralisent et la désorganisent.

Ayons, dans les Chambres républicaines, une gauche, une droite, des centres, des wighs et des tories; que les impérialistes soient les tories de ce régime, comme les républicains eussent pu être les wighs du régime impérial; il vaut encore mieux, pour eux, figurer dans le Parlement en cette qualité que ne plus figurer nulle part et rester avec un drapeau lacéré, des chefs égarés, éperdus, courant après des sabres illusoires et des réveils imaginaires, espérant un Messie qui est venu et des catastrophes que leur devoir est de conjurer et non d'appeler.

Critiquer M. de Freycinet pour ses grandes pensées, M. Léon Say pour son 3 0/0 amortissable; s'ébaudir sur la diplomatie de M. Waddington et de ses agents, s'attaquer à l'optimisme de M. de Marcère, ne chercher que griefs, ne rêver que désastres, ne relever, aux quatre coins de l'horizon, que présages sinistres, ce n'est pas un rôle qui puisse suffire à l'honneur d'un grand parti. Prouver que l'on hait la République n'est pas aussi glorieux que prouver qu'on aime la France.

Que les conservateurs impérialistes ne se laissent point pénétrer de ces sentiments; que feront-ils? Ils persisteront à croire que le meilleur moyen de ramener l'empire consiste à faire, chaque jour, une guerre implacable à la République; ils feront comme leurs associés de 1877: pour vaincre les résistances du suffrage universel, ils renouvelleront leur profession de foi de l'an passé et promettront solennellement... Quoi? on se demande ce qu'ils peuvent promettre.

Quel ne doit pas être l'embarras de ce pauvre candidat au siége sénatorial! L'an passé encore, il pouvait dire qu'il marchait avec le maréchal de Mac-Mahon, et que, pour sa part, il servirait la République et laisserait le pays en paix jusqu'à l'expiration des pouvoirs de M. le duc de Magenta. Il pouvait dire encore qu'il respecterait la Constitution et qu'il se soumettrait au verdict populaire. A l'heure qu'il est, tous ces terrains se dérobent sous ses pas. Peut-il assurer, dans une profession de foi, qu'il marche avec le maréchal de Mac-Mahon? tout le monde sait que, depuis le mois de décembre dernier, le président de la République et le parti conservateur ne vont plus ensemble. Quel candidat monarchique oserait promettre qu'il servira la République aussi longtemps que le maréchal la présidera? Le maréchal la préside et les monarchistes lui tournent le dos à l'envi; au lieu de servir la République, ils montrent l'impatience où ils sont de la voir disparaître.

Non, il n'y a plus rien à dire, il n'y a plus rien à faire; quiconque aspire à l'élection ne peut plus recourir aux anciennes formules, aux métaphores, aux hyperboles, aux insinuations, à tous les lieux communs qui, jusqu'à ce jour, ont fait le fonds de la littérature électorale. Ah! comme nous comprenons l'embarras où s'est trouvé le nouveau comité central de composer un manifeste! Ce manifeste, on n'a point su par quel bout le prendre; on l'a raccourci, allongé, amputé, tourné et retourné en tout sens; il n'a point semblé présentable et la résistance des impérialistes lui a fait subir le sort réservé aux ouvrages laborieusement conçus et mort-nés. On l'a réduit, en fin de compte, aux proportions d'une humble requête pour les frais du culte.

Comment un candidat impérialiste se dispenserait-il de dire qu'il se soumet à la volonté nationale? S'il dit qu'il veut s'y soumettre, comment expliquera-t-il qu'il ne s'y soumet pas? Et, s'il veut convaincre les électeurs qu'il s'y soumet, comment échappera-t-il à la nécessité de s'incliner devant la République actuelle? On se le représente rédigeant sa profession de foi; s'il ne veut passer pour traître ou renégat et être livré au mépris de tous les impérialistes français, il doit craindre de marquer le moindre penchant pour la politique de soumission dont quelques-uns d'entre eux ont tracé l'inévitable programme; cependant, il ne peut annoncer que l'Empire ne devant être restauré que par un plébiscite, on va recourir à des régiments de bonne volonté pour détruire la République et surveiller le plébiscite. Que dire alors? s'il ne se décide à résumer sa politique dans le cri sommaire que poussa, un jour, en pleine séance parlementaire, le trop expansif M. Tristan Lambert, s'il ne prend le parti de crier tout uniment : « Vive l'Empereur! » et de signer, je crois que l'infortuné candidat pourra donner sa langue aux chiens. Heureusement, le patriotisme, le bon sens, la logique la plus rigoureuse, ses obligations envers le suffrage universel, les traditions de son parti, son devoir personnel, son intérêt à venir, s'accordent pour lui fournir le thème d'un programme électoral des plus honnêtes et des plus faciles à concevoir.

Nous savons, par nous mêmes et par ce que nous voyons, que, parmi les sénateurs bonapartistes dont les pouvoirs vont expirer, aussi bien que parmi les personnages marquants de l'Appel au peuple, il en est un certain nombre qui répugnent absolument à toute concession au régime actuel. Ils ont peut-être été moins rigoureux envers la République de leur jeunesse qu'ils ne le sont envers la République de leur âge mûr : mais ils ne veulent, à aucun prix, faire les doux yeux à celle-ci. Par situation et par tempérament, un peu par lassitude, ils veulent une certaine immobilité autour d'eux et ce qui les charme dans l'Empire, ce sont plutôt les points de ressemblance qu'ils lui trouvent avec la monarchie que les liens qui l'unissent à la démocratie.

Quant au suffrage universel, ils l'honorent parce qu'il a donné dix-huit ans de prospérité publique et privée ; mais ils n'ont jamais pensé que ce culte les pût obliger à quelque respect pour un régime qui leur eût repris tout ce que l'autre leur avait apporté.

A des impérialistes de cette école, ce serait trop demander que de demander aujourd'hui une soumission quelconque à la République ; mais du moins pourraient-ils, dans l'intérêt même d'une cause qui leur est chère, céder la place à des candidats moins inflexibles qui sauraient se plier aux exigences de la volonté nationale. C'est avec ces derniers, que le parti de l'Appel au peuple a quelque chance de reprendre un peu de faveur auprès des majorités. Si, un jour, par suite d'un mouvement trop précipité, le long des abîmes qu'elle côtoie, la République venait à briser les roues de son char, ce sont les impérialistes de l'école démocratique et non les impérialistes de l'école monarchique ou aristocratique qui auraient chance de relever le drapeau impérial.

N'est-ce pas aux premiers qu'il faut attribuer la restauratiou de 1852? Il en serait encore de même. On peut donc, sans se montrer trop cruel, prier les impérialistes qui répugnent à pousser leur principe politique jusqu'à des conséquences aussi extrêmes, de laisser passer devant eux des candidats mieux appropriés qu'ils ne le sont eux-mêmes aux circonstances et aux nécessités de la politique du jour. Que leur importe de se tenir provisoirement en dehors d'une lutte pour laquelle ils ne se sentent point dispos? Ils savent bien qu'ils ne perdront rien à rester tranquilles, et que si, quelque jour, il était nécessaire de reconstituer une haute Chambre impériale, ils seraient toujours là pour y figurer avec honneur. Ils sont d'excellents ouvriers du lendemain; les autres sont les hommes de la bataille, ceux qui portent le sac, la giberne, le fusil, qui reçoivent les coups et que trop souvent on laisse morts et sans sépulture.

Notre persistance à suivre, jusqu'à ses applications logiques et inévitables, la politique exposée dans de récents écrits, procède de l'impossibilité où nous sommes de faire accorder tout le passé des impérialistes, la politique de Napoléon Ier, les idées

napoléoniennes recueillies et coordonnées par Napoléon III, avec une conduite différente. Que de plus in-
telligents et de plus purs serviteurs de la démocratie
impériale trouvent une solution meilleure que la nô-
tre, et surtout qu'ils inventent une formule qui satis
fasse à la fois leurs désirs personnels et les obligations
qui découlent de leur subordination à la loi des majorités ; qu'ils ne tardent pas à nous signaler leur décou-
verte ; qu'ils nous apprennent, de grâce, après huit
ans de République et des manifestations répétées de
la volonté du peuple, à quoi un impérialiste doit se
soumettre, si ce n'est au gouvernement issu de cette
volonté souveraine ? Qu'ils daignent nous répondre ;
ce sera nous qui leur rendrons les armes, et avec
quelle joie !

Pour finir, il nous sera permis de dire que la République n'est plus en discussion ; elle est. Que le parti
des royalistes, que le parti des orléanistes, que le
parti des impérialistes subissent la situation qu'ils se
sont faite à eux-mêmes ; que tout vaincu reprenne
son rang, qu'il se classe, selon le dommage qu'il a
éprouvé, selon ses antécédents, selon ce qui lui reste
de principes ; que chacun, de son côté, revienne de
son émigration ; — revenons tous en France !

Paris, le 10 octobre 1878.

Paris. — Imp. Kugelmann, 12, rue Grange-Batelière.